QUINO

Mafalda

 Glénat ÉDITIONS

Mafalda connait partout dans le monde un très grand succès, paraissant dans des centaines de journaux et de magazines. Voici pour la première fois une version française en couleurs, premier album d'une longue série à paraître.

L'auteur, Quino, est un dessinateur argentin (qui vie actuellement en Italie). Les aventures de Mafalda, créées en 1964, ont donc été dessinées en Argentine et la petite fille voit un peu le monde avec les yeux d'un habitant de ce pays ; d'où certaines réflexions (sur les · hémisphères par exemple) qui pourraient peut-être sembler étranges pour un Français.

PAUVRE MAMAN! ELLE SE FAIT DU SOUCI PARCE QUE DEMAIN JE COMMENCE A ALLER A LA MATERNELLE ET ELLE A PEUR QUE CELA NE ME PLAISE PAS.

VRAIMENT JE POURRAIS LA RASSURER EN LUI DISANT QUE J'AI ENVIE D'ALLER A LA MATERNELLE, PUIS A' L'ÉCOLE, AU LYCÉE, A L'UNIVERSITÉ, ETC...

TU SAIS, MAMAN, JE VEUX ALLER A LA MATERNELLE ET ÉTUDIER BEAUCOUP, COMME ÇA PLUS TARD JE NE DEVIENDRAI PAS UNE FEMME FRUSTRÉE ET MÉDIOCRE COMME TOI!

ÇA FAIT PLAISIR DE RÉCONFORTER SA MAMAN!

COMMENT ÇA S'EST PASSÉ A L'ÉCOLE, FELIPE? ON T'A APPRIS A ÉCRIRE?

COMMENT VEUX TU QU'ON M'APPRENNE A ÉCRIRE RIEN QU'EN UNE SÉANCE?!

MAIS... TU Y ES RESTÉ TOUTE LA JOURNÉE!!

OUI, MAIS IL FAUT FAIRE DES BATÔNS DE LETTRES, DE SYLLABES ET DE TAS DE TRUCS ET...

...ON MET DES MOIS POUR T'APPRENDRE A ÉCRIRE!

DES MOIS!

SATANÉS BUREAUCRATES!

A' LA MATERNELLE, ILS DONNENT DES DIPLÔMES, MAMAN?

MAIS NON, QU'EST-CE QUE TU RACONTES!

ALORS, QUAND J'AURAI FINI, J'AURAI PAS BESOIN DE... OUF! ÇA VA MIEUX...

JE L'AI ÉCHAPPÉE BELLE, JE TE JURE... JE NE VOULAIS PAS...

JE TE JURE!

TU NE VOULAIS PAS QUOI?

PARTIR A L'ÉTRANGER, COMME TOUS CEUX QUI ONT DES DIPLÔMES!

POURQUOI TOUS CEUX QUI ONT DES DIPLÔMES PARTENT-ILS A L'ÉTRANGER?

C'EST MON TOUR!

BON, PEUT-ÊTRE PARCE QU'ICI, IL N'Y A PAS ASSEZ DE PLACE...

MAIS DIS-MOI...

AVEC TOUTE LA PLACE QU'ELLES ONT ICI LES VACHES... POURQUOI DIABLE ELLES AUSSI, ELLES PARTENT A L'ÉTRANGER?

LES ENFANTS DE LA MATERNELLE ME REGARDENT COMME UNE BÊTE CURIEUSE PARCE QUE JE N'AI PAS LA TÉLÉVISION.

ZUT!

NE PAS AVOIR LA TÉLÉVISION NE VEUT PAS DIRE ÊTRE UNE BÊTE CURIEUSE!

JE SAIS, ILS ME L'ONT DÉJÀ DIT QUE ÇA NE VEUT PAS DIRE ÊTRE UNE BÊTE CURIEUSE...

... MAIS ÊTRE IDIOTE!

DIS FELIPE, TU L'AS TOI LA TÉLÉVISION?

OUI. MAIS ÇA NE ME PLAÎT PAS TANT QUE ÇA.

ET VOILÀ! CELUI QUI A DU PAIN N'A PAS DE DENTS!

N'A PAS QUOI?

DE D...!

CE N'ÉTAIT PAS LA PEINE D'EN FAIRE UNE QUESTION PERSONNELLE!

PAPA NE VEUT PAS M'ACHETER LA TÉLÉVISION PARCE QU'IL DIT QUE ÇA DÉFORME L'ESPRIT DES ENFANTS.

QUELLE BÊTISE! J'AI BIEN LA TÉLÉ MOI, ET JE N'AI POURTANT PAS L'ESPRIT DÉFORMÉ!

?

BEN!...PEUT-ÊTRE QU'AU LIEU D'ESPRIT PAPA VOULAIT DIRE TÊTE.

DONNEZ MOI DU CHOCOLAT.

ELLE VA ÊTRE CONTENTE MAFALDA!

DEVINE CE QUE JE T'AI APP...

LA TÉLÉVISION!

JE N'AURAIS JAMAIS PENSÉ QUE LE CHOCOLAT POUVAIT AVOIR UN GOÛT D'ÉCHEC.

ON VIT LA TÊTE EN BAS? D'OÙ TU SORS CETTE IDIOTIE?

TU N'AS QU'À REGARDER UN GLOBE TERRESTRE.

CEUX DE L'HÉMISPHÈRE NORD VIVENT LA TÊTE EN HAUT, ET NOUS, ON A LA TÊTE EN BAS.

C'EST ABSURDE.

NON!... NE VOIS-TU PAS QUE LES PAYS DÉVELOPPÉS SONT PRÉCISÉMENT CEUX QUI ONT LA TÊTE EN HAUT?

QU'EST-CE QUE ÇA PROUVE?

ET BEN! C'EST PARCE QU'ON EST À L'ENVERS QUE NOS TÊTES SONT VIDES.

JE VAIS LUI MONTRER À MAFALDA, SI ON EST SOUS-DÉVELOPPÉS PARCE QU'ON A LA TÊTE EN BAS!

SI LE PÈRE DE MANOLITO AVAIT PERDU SES IDÉES PROMOTIONNELLES, IL N'AURAIT PAS UNE BOUTIQUE AUSSI PROSPÈRE!

BIEN SÛR!

PARCE QU'IL EST NÉ EN ESPAGNE, LA TÊTE EN HAUT.

MAIS MANOLO, IL EST NÉ ICI, ET LUI NON PLUS N'EN PERD PAS UNE!

TOC TOC

ÇA S'EXPLIQUE PARFAITEMENT.

TU VOIS, FELIPE? LES ADULTES, EN RÉALITÉ, CE N'EST PAS QU'ILS ONT GRANDI.

C'EST SIMPLEMENT QU'ILS VIVENT DEPUIS PLUS LONGTEMPS QUE NOUS LA TÊTE EN BAS

ET, LOGIQUEMENT, LE POIDS DE LA TÊTE LES ENTRAÎNE.

9

ET LES CHATS, C'EST QUEL PARTI POLITIQUE ?

À QUOI JOUEZ-VOUS, LES ENFANTS ?

AU GOUVERNEMENT.

VOUS NE FAITES PAS DE BÊTISES, HEIN ?

T'INQUIÈTE PAS, ON NE VA ABSOLUMENT RIEN FAIRE.

ALORS, LES ENFANTS ONT FORMÉ UN GOUVERNEMENT ?

OUI, ET MAFALDA EST LE PRÉSIDENT.

J'AI L'IMPRESSION QUE MAINTENANT ILS JOUENT À AUTRE CHOSE.

MAFALDA, RAMASSE LE CHANDAIL QUE TU AS LAISSÉ TRAÎNER !

JE N'AI À OBÉIR À PERSONNE, MAMAN ! JE SUIS LE PRÉSIDENT.

ET MOI, JE SUIS LA BANQUE MONDIALE, LE CLUB DE PARIS ET LE FONDS MONÉTAIRE INTERNATIONAL !

JE DOIS RECONNAÎTRE QU'ELLE M'A BIEN EUE.

10

NON, MANOLITO, JE T'AI DÉJÀ DIT NON!

SOIS GENTILLE, MAFALDA, PRENDS LE BONBON QUE TE DONNE MANOLITO.

D'ACCORD, JE LE PRENDS.

MAIS À LA FIN DU MOIS, C'EST **TOI** QUI T'ARRANGES AVEC LUI...

POURQUOI ON PARLE TANT DU VIETNAM À LA RADIO ET À LA TÉLÉ?

J'EN SAIS RIEN.

C'EST DES HISTOIRES D'ADULTES, IL FAUT LAISSER LES ADULTES S'EN OCCUPER!

TOI QUI ES ADULTE, MAMAN, DIS-MOI CE QUI SE PASSE AU VIETNAM.

ET BIEN... C'EST... HUM ...UN PROBLÈME QUE... TU FERAIS MIEUX DE DEMANDER À PAPA!

TIENS, FELIPE! ...EN ATTENDANT QUE LES ADULTES TROUVENT UNE SOLUTION.

QUELLE JOURNÉE! ENTRE LA MAUVAISE HUMEUR DU PATRON ET CES FICHUS COMPTES, JE N'EN PEUX PLUS.

ENFIN, ON RENTRE CHEZ SOI ET ADIEU LES PROBLÈMES!

BEN...

JE T'ATTENDAIS, PAPA. JE VOUDRAIS QUE TU ME PARLES DU PROBLÈME DU VIETNAM.

QUINZE GOUTTES DANS UNE TASSE DE TILLEUL ET SI ÇA NE VA PAS MIEUX REVENEZ ME VOIR...

NERVO CALM

MÊME SI JE T'EXPLIQUAIS LE PROBLÈME DU VIETNAM, TU NE COMPRENDRAIS PAS.

DIS QUE JE SUIS IDIOTE!

JE NE DIS PAS ÇA! MAIS CE N'EST PAS UNE HISTOIRE POUR LES ENFANTS!!

NON?

NON.

MÊME SI TU SAUTES LES PASSAGES PORNOGRAPHIQUES?

14

15

COMMENT PEUX-TU AIMER JOUER AU YOYO?

JE NE JOUE PAS AU YOYO.

CECI N'EST PAS UN YOYO, C'EST LA BOURSE! REGARDE LES ACTIONS QUI MONTENT ET QUI DESCENDENT.

ET ON PEUT MANOEUVRER LE TRUC COMME ON VEUT. TU VOIS BIEN QUE JE NE JOUE PAS AU YOYO...

...MAIS A' ROCK-ET-FELLER!

TU PARLES D'UN SPECTACLE!

TIC!

?

TIC!

MON DIEU! JE CROIS QUE JE VIENS D'ATTRAPPER LA TÉLÉPATHIE!

MANOLITO, ON A BESOIN DE TOI, POUR UNE EXPÉRIENCE TÉLÉPATHIQUE.

UNE EXPÉRIENCE QUOI?

TÉ-LÉ-PA-TIQUE... POUR VOIR SI MAFALDA RÉUSSIT A' LIRE TA PENSÉE.

VAS-Y! PENSE UNE CHOSE.

EUH!

JE PENSE QUE LE

MAIS NON! FAUT PAS LE DIRE...

ET POURQUOI PAS? ON EST EN DÉMOCRATIE, NON? POURQUOI JE NE DIRAIS PAS CE QUE JE PENSE, HEIN?

LA' OÙ IL Y A LIBERTÉ DE PENSÉE, IL Y A DÉMOCRATIE, ET JAMAIS LES IDÉES NE MEURENT, ET...

MON DIEU!

ET POUR FINIR, SI C'ÉTAIT MOI QUI AVAIS DES POUVOIRS TÉLÉPATHIQUES?

ALLONS-Y: A' QUOI PEUT PENSER CE CHIEN?

PENSE À QUELQUE CHOSE, FELIPE, POUR VOIR SI JE PEUX LE CAPTER...

VOYONS...

TU NE PENSES QU'À UN TOUT PETIT POINT RACHITIQUE?

C'EST PAS UN PETIT POINT, C'EST UN LION. ÉVIDEMMENT, VU DE LOIN...

C'EST TRÈS SIMPLE, TU N'AS QU'À PENSER À QUELQUE CHOSE, ET NOUS ALLONS ESSAYER DE LE CAPTER!

JE VAIS ESSAYER!

AH! J'AI OUBLIÉ DE VOUS SIGNALER QUE JE PENSAIS D'ABORD AU BROUILLON

ALLEZ, MANOLITO, CONCENTRE-TOI! ON VA VOIR SI TU RÉUSSIS À PENSER QUELQUE CHOSE...

...MMFF... RIEN À FAIRE!

...ÇA Y'EST! ÇA Y'EST!

DOMMAGE, IL FAUT QUE J'APPELLE TÉLÉ-SERVICE.

QU'EST-CE QUE C'EST QUE CETTE HISTOIRE DE FOURCHETTE SUR LA TÊTE?

TÉLÉPATHIE SANS FIL!

AVEC CETTE ANTENNE, JE POURRAIS FACILEMENT CAPTER TES PENSÉES. ESSAIE DE PENSER À QUELQUE CHOSE, VAS-Y!

ATTENDS... J'ESSAIE..

YOUPI! TU PENSES À UN PLAT DE SPAGHETTIS!

MOI!? ...JE N'AI PENSÉ À RIEN!

ALORS, C'EST ELLE QUI PENSE À SON COMPTE.

20

FELIPE! REGARDE CE QUE J'AI TROUVÉ DANS CETTE REVUE!

QUI C'EST CELUI-LA' ?

COMMENT!?

LE DIEU DE LA TÉLÉPATHIE, VOYONS!

AAAH...

C'EST IMPOSSIBLE, FELIPE. IMPOSSIBLE!

EH BEN TIENS! JE TE LIS LA LISTE, TU VERRAS!

"ASSOCIATION POUR L'AIDE AUX PERSONNES ÂGÉES", "LIGUE D'ENTRAIDE AUX INVALIDES CIVILS", "ASSOCIATION POUR L'AIDE AUX MÈRES NÉCESSITEUSES"...

ÇA SUFFIT, JE TE CROIS. IL N'Y EN A AUCUNE...

...PAS LA MOINDRE "ASSOCIATION POUR L'AIDE A' LA TÉLÉPATHIE".

QUEL MANQUE DE SENS SOCIAL!

"THE BOYS ARE IN THE CLASSROOM. TELL ME, JOHN: ARE THE BOYS IN THE LIVING-ROOM? —NO, SIR. THE BOYS ARE IN THE CLASSROOM"

UNE ARMÉE ÉTRANGÈRE A ENVAHI LE PAYS ET TIENT TOUTES LES RADIOS!

" AINSI SE TERMINE NOTRE ÉMISSION : "L'ANGLAIS A' LA MAISON".

ALARMISTES!

TU VOIS : ON MET LA GRAINE , ON TASSE...

TUP TUP

PUIS ON ARROSE UN PEU!

ET DANS QUELQUES JOURS, ON AURA UNE JOLIE PLANTE.

C'ÉTAIT PAS LA PEINE DE ME RACONTER LA FIN!

QU'EST-CE QUE TU VOUDRAIS ÊTRE PLUS TARD, MAFALDA ?

QU'EST-CE QUE TU VOUDRAIS ÊTRE PLUS TARD, HEIN ?

"WASH AND WEAR"

TU SAIS POURQUOI LES NOUVEAUX BILLETS ONT L'AIR BIEN REPASSÉS ? PARCE QU'ILS SONT "WASH AND WEAR".

"WASH AND WEAR?" LE BILLETS NE SONT PAS "WASH AND WEAR", ILS SONT "BEST-SELLERS".

CE SONT LES LIVRES QUI SONT "BEST-SELLERS"!

POURQUOI PAS LES BILLETS? PUISQUE CE SONT EUX QU'ON TIRE EN PLUS GRAND NOMBRE ET QUI S'ÉPUISENT LE PLUS VITE!

TU SAVAIS QU'ON IMPRIMAIT PLUS DE BILLETS DE BANQUE QUE DE N'IMPORTE QUOI ?

NON.

ET BEN, C'EST COMME ÇA. LES BILLETS SONT LE "BEST-SELLER" DE L'ANNÉE!

ALORS, CE TYPE QU'ON VOIT SUR LES BILLETS, C'EST...

WALT DISNEY!!

TOUT BIEN PESÉ, C'EST SCANDALEUX QU'ON IMPRIME PLUS DE BILLETS QUE DE LIVRES!

UN JOUR, ON ACCORDERA PLUS DE VALEUR À LA CULTURE QU'À L'ARGENT!

TU NE TROUVES PAS QUE TU AS DES IDÉES UN PEU INGÉNUES?

INGÉNUES, NON! **DANGEREUSES!**

"RÉPONDRE SIMPLEMENT ET CLAIREMENT AUX QUESTIONS DES ENFANTS FAVORISE LA COMMUNICATION ENTRE CEUX-CI ET LEURS PARENTS".

"SIMPLEMENT ET CLAIREMENT"... C'EST AINSI QUE DÉSORMAIS JE RÉPONDRAI A' MAFALDA!

PAPA, POURRAIS-TU M'EXPLIQUER POURQUOI L'HUMANITÉ FONCTIONNE AUSSI MAL?

IL S'EST ENDORMI?

...AH, LES ÉCHECS! AUTREFOIS, LORSQUE J'Y JOUAIS, J'ÉTAIS IMBATTABLE!

LES PARENTS DISENT CE GENRE DE CHOSES POUR QU'ON LES ADMIRE RÉTROACTIVEMENT!

"NON, JULIE, NOTRE AMOUR EST IMPOSSIBLE! UN ABIME NOUS SÉPARE..."

"...TA SITUATION, TA FORTUNE... LES GENS DIRAIENT QUE JE ME MARIE POUR TON ARGENT!"

"NON, MON FERNAND! NON! IL N'Y A QUE LES CANAILLES, LES FOURBES ET LES ENVIEUX, POUR LE PENSER..."

C'EST LA PREMIÈRE FOIS QUE L'ON M'INSULTE PAR RADIO!

DES FOURMIS!

MON DIEU! C'EST UNE TRAGÉDIE! RIEN DE PIRE QUE LES FOURMIS!

"LES VICTIMES SE MULTIPLIENT AU VIETNAM. EN ALGÉRIE, UN ATTENTAT A FAIT PLUS DE VINGT MORTS..."

ANTIPATHIQUES!

25

MON PÈRE A DÉCIDÉ D'EN FINIR AVEC LES FOURMIS!

ET AVEC QUOI PENSE-T-IL LES CHASSER?

!

PAF-PAF! TOC-TOC TOC PAF! PAF!

JE NE PENSAIS PAS QUE TON PÈRE POUVAIT ÊTRE SOT À CE POINT!

À CE POINT?

IL FAUT ABSOLUMENT LOCALISER CETTE FOURMILLIÈRE.

ALORS SI TU VOIS UNE FOURMI...TU NE LA TUES PAS, HEIN? TU LA SUIS!

AU REVOIR, ET C'EST BIEN ENTENDU, SI TU VOIS UNE FOURMI, TU LA SUIS!

TON PÈRE A PU SE DÉBARASSER DES FOURMIS?

OUI.

IL A TROUVÉ UN FOURMICIDE DU TONNERRE.

IL DOIT ÊTRE BIEN CONTENT?

OH!

IL EST AUX ANGES!

PAPA! ELLES EMPORTENT LE FOURMICIDE QUE TU LEUR A MIS!

ELLES L'EMPORTENT TOUT DROIT À LA FOURMILLIÈRE!

FORMIDABLE! UNE FOIS QU'ELLES L'AURONT MIS LÀ-BAS...

...ELLES VONT AVOIR UNE SACRÉE SURPRISE!

TU VOIS CES GRANU-LÉS? ELLES LES EM-PORTENT À LA FOUR-MILLIÈRE, ET UNE FOIS LÀ-BAS... PAS DE QUARTIER!

SNIF SNIF?

?

PAR ICI, SUSANITA. JE SUIS TRÈS HEU-REUSE DE T'AC-CUEILLIR CHEZ MOI.

LUI, TU VOIS, C'EST MON PAPA!

VOUS ÊTES EN TRAIN DE RÉ-PARER LA PRISE DE COURANT?

NON, JE LA REMPLIS DE SUCRE! AINSI LES FOURMIS ARRIVENT... ET PFSSCHT! ELLES S'ÉLECTROCUTENT!

COMMENT PEUT-ON ÊTRE EFFRAYÉ PAR UNE SI BONNE IDÉE?

BAM!

TON PÈRE EST TOUJOURS EN GUERRE AVEC LES FOUR-MIS?

OUI, MAIS PAS PERSONNELLEMENT.

IL A DEMANDÉ DE L'AIDE À UNE SOCIÉTÉ DE DÉSINFECTION?

PAS EXACTEMENT.

DES SOUCOUPES VOLANTES, MON DIEU!...

S'IL Y A DES MON-DES PLUS ÉVOLUÉS, POURQUOI FA LLAIT-IL QUE JE NAISSE DANS CELUI-CI?

"...LE PAPE VIENT DE LANCER UN NOUVEL APPEL A' LA PAIX..."

ET DIEU NE L'A PAS RENVOYÉ COMME D'HABITUDE?

MA POUPÉE EST TRÈS INTELLIGENTE. QUAND ON LUI APPUIE SUR LE VENTRE, EL-LE DIT "MAMAN".

ELLE DOIT ÊTRE ÉTRANGÈRE, NON?

J'SAIS PAS ...POURQUOI?

PARCE QUE, SI ELLE ÉTAIT D'ICI, QUAND ON LUI APPUIERAIT SUR LE VENTRE...

...ELLE CRIERAIT: "DES SOUS!"

BON, ET UNE FOIS MARIÉE, QU'EST-CE QUE TU FAIS?

J'ATTENDS UN ENFANT!

TON PÈRE A UNE MANIÈRE TRÈS ORIGINALE DE FAIRE LA SIESTE!

DES GUERRES PARTOUT! DES PRO-BLÈMES! AH, LE MONDE VA MAL!

ET QUI EST LE RESPONSABLE? QU'IL SE MON-TRE ET IL VER-RA BIEN...

ÇA FAIT DES SIÈCLES QUE LE MONDE VA MAL! DES SIÈCLES!

ÇA VEUT DIRE QUE LE RESPONSABLE EST MORT! DÉGONFLÉ!

TU NE TROUVES PAS QUE NOUS VIVONS DANS UN MONDE TRÈS COMPLIQUÉ, SUSANITA?

NON, POUR MOI TOUT EST SIMPLE, C'EST UN MONDE DE PARENTS ET D'ENFANTS.

TOUS LES HABITANTS DE LA TERRE SONT LES PARENTS OU BIEN LES ENFANTS DE QUELQU'UN! VOILÀ TOUT!

CETTE PETITE ME DONNE DES CHEVEUX BLANCS!

QUAND TU ÉTAIS PETIT, QUELLE ÉTAIT TON ÉMISSION PRÉ-FÉRÉE À LA TÉLÉ?...

QUAND J'ÉTAIS PETIT, IL N'Y AVAIT PAS DE TÉLÉVISION!

NOOON?

LES PLANTES

ALORS ÇA TE SERVAIT À QUOI D'ÊTRE PETIT, GROS MALIN?...

DÉPÊCHE-TOI! JE NE VEUX PAS RA-TER LES NOUVELLES! SÛR QU'ILS VONT PARLER DE "MARINA" ET DES PHOTOS DE MARS!

LA VIE SUR MARS! N'EST-IL PAS SURPRE-NANT QU'IL Y AIT DE LA VIE SUR LES AUTRES PLANÈTES?

"...BOMBARDEMENTS INTENSIFS SUR LE NORD-VIETNAM. GENÈVE: PAS D'ACCORD SUR LE DÉSAR-MEMENT. JORDANIE: À NOUVEAU, LES COMBATS S'INTENSIFIENT..."

LE PLUS SURPRENANT, C'EST QU'IL Y AIT EN-CORE DE LA VIE SUR LA NÔTRE!

J'AI PRIS TROIS BILLETS POUR LE CIRQUE.

FORMIDABLE!

JE CROIS QUE MAFALDA SERA CON-TENTE: IL Y A DES CLOWNS, DES MAGI-CIENS, DES VENTRI-LOQUES...ON DIT QUE LE SPECTACLE EST TRÈS BON.

MAFALDA! DEVINE OÙ ON T'EMMÈNE, CE SOIR!

JE SAIS: À L'ASSEMBLÉE NATIONALE!

ÇA REND TRÈS BIEN EN PHOTO, MARS!

C'EST TRÈS, TRÈS BEAU!! ET LES SOUCOUPES VOLANTES?! DES PETITES MERVEILLES!

ÇA VA PAS, FELIPE?

CHUT!

IL VAUT MIEUX SYMPATHISER TOUT DE SUITE!

TU AS DÉJÀ VU UNE POUPÉE AUSSI INTELLIGENTE QUE LA MIENNE, MANOLITO?

MA-MAN!

$

C'EST IDIOT! LES CUVETTES VOLANTES, ÇA N'EXISTE PAS!

JE SAIS BIEN.

ALORS POURQUOI TU NE JOUES PAS AUX SOUCOUPES VOLANTES?

PARCE QUE JE NE TIENS PAS DANS UNE SOUCOUPE, CRÉTIN.

SUSANITA A OUBLIÉ SA POUPÉE ICI.

MA-MAN!

SI ÇA NE MARCHE PAS, À QUOI ÇA SERT D'AVOIR UN BOUTON?

D'ABORD, JE ME MARIERAI. ET PUIS J'AURAI DES ENFANTS...

... APRÈS J'ACHÈTERAI UNE GRANDE MAISON, UNE BELLE AUTO, DES BIJOUX ET APRÈS J'AURAI DES PETITS ENFANTS !

TELLE SERA MA VIE. ÇA TE PLAÎT ?

OUI, MAIS LE SEUL ENNUI...

... C'EST QUE CE N'EST PAS UNE VIE, C'EST UN PONCIF !

AVOIR DES ENFANTS, C'EST BIEN ! MAIS LES TEMPS ONT CHANGÉ...

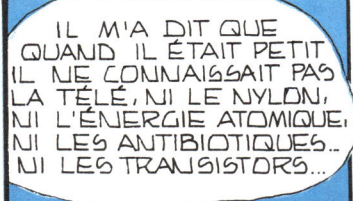

EN PLUS D'ÊTRE MÈRE, LA FEMME D'AUJOURD'HUI DOIT CONTRIBUER AU PROGRÈS, FAI-RE D'AUTRES CHOSES !

TU AS RAISON !

À PARTIR DE DEMAIN, J'APPRENDS À JOUER AU BRIDGE !

QU'EST-CE QU'IL Y A ? LES FEMMES IMPORTAN-TES NE JOUENT PAS AU BRIDGE ?

MON DIEU

OÙ EST NÉ TON PÈRE, MAFALDA ?

ATTENDS VOIR...

IL M'A DIT QUE QUAND IL ÉTAIT PETIT IL NE CONNAISSAIT PAS LA TÉLÉ, NI LE NYLON, NI L'ÉNERGIE ATOMIQUE, NI LES ANTIBIOTIQUES... NI LES TRANSISTORS...

...NI LES AVIONS À RÉACTION, NI LES SATELLITES ARTIFICIELS, NI LES FUSÉES TÉLÉGUI-DÉES, NI LES VER-RES DE CONTACT.

ALORS, À MON AVIS, IL EST NÉ DANS LE MATTO GROSSO.

ÇA SEMBLE INCROYA-BLE ! LA TERRE FAIT DES TOURS, ET DES TOURS, ET DES TOURS...

...ET NOUS QUI TOURNONS AVEC, NOUS NE NOUS EN RENDONS MÊME PAS COMPTE.

HEUREUSEMENT, PARCE QUE SI ON S'A-PERCEVAIT QUE LA TERRE TOURNE...

...LES MANÈGES FERAIENT FAILLITE !

PEUT ÊTRE QUE JE DEVRAIS AUSSI PLANIFIER MA VIE?

VOYONS: LA SEMAINE PROCHAINE J'ACHÈTERAI DE NOUVELLES REVUES DE B.D.

MAIS... LES ACHÈTERAI-JE? IL NE FAUT PAS OUBLIER LES CAPRICES DU DESTIN!

COMMEN DIABLE LE DESTIN FAIT-IL POUR AVANCER SES CAPRICES D'UNE SEMAINE PAR ORDINATEUR?

T'AI-JE DIT QUE MON FILS SERA MÉDECIN?

MON DIEU! ELLE ET SON FILS! J'EN PEUX PLUS!...

TU L'IMAGINES QUAND IL PASSERA DANS SON AMBULANCE: ROLLS ROYCE SUPER SPORT?

ÇA C'EST TROP!... C'EST LE COMBLE!

TROP? AH, TU VEUX DIRE POUR LES MALADES ÉCONOMIQUEMENT FAIBLES? IL EN AURA UNE AUTRE PLUS ORDINAIRE!

NON, LE DICTIONNAIRE NE DIT PAS QUE C'EST UN GROS MOT.

AH, NON?

NI UNE IMMONDE COCHONNERIE, HEIN? ...IL NE DIT PAS QUE C'EST UNE IMMONDE COCHONNERIE!

NON PLUS!

C'EST PAS VRAI! LIS-MOI, ÇA!...

"SOUPE: n.f. (du v. souper). ALIMENT COMPOSÉ DE BOUILLON, DE TRANCHES DE ...etc..."

?

C'EST INCROYABLE QUE TA SEULE AMBITION SOIT D'ÊTRE FEMME AU FOYER, SUSANITA! FAIRE LE MÉNAGE, ALLER AUX COURSES...

TIENS, JE N'Y AVAIS PAS PENSÉ! MAINTENANT QUE TU ME LE DIS, JE CROIS QUE CE N'EST PAS UNE MAUVAISE IDÉE...

...ALLER AUX COURSES... JE ME METTRAIS UNE ROBE DÉCOLLETÉE ET J'IRAI À L'HIPPODROME. LÀ LES JOURNALISTES ME PHOTOGRAPHIERONT...

?

EN LÉGENDE: "SUSANITA CLOTILDE, EN COMPAGNIE DE SON FILS, MÉDECIN, ONT ASSISTÉ AU GRAND PRIX."

C'EST PIRE QUE LA SOUPE!

ET MAINTENANT NOUS VOUS PRÉSENTONS...

137

LE JOURNAL PARLÉ AVEC LES NOUVELLES

?

DE DEUX CHOSES L'UNE: OU IL N'Y A PLUS DE PILES... OU PLUS DE PROBLÈMES INTERNATIONAUX

AH, CELLE-LÀ! SANS PILE ELLE NE SAIT PLUS DIRE UN SEUL MOT!

138

POURQUOI N'AS TU PAS UN FILET, UNE PRISE, HEIN?

OUI, JE VOIS. MADEMOISELLE FUIT LES CONTACTS!

INTROVERTIE!

BON, VOILÀ! TU AS VU? C'EST FACILE DE CHANGER LES PILES, HEIN?

MERCI, PAPA!

139

CLIK

QUE C'EST TRISTE VENISE... QUE C'EST TRISTE VENISEU...

AY MOURRIR POUR TOAAA...

ILS T'ONT VENDU UNE PILE À L'EAU DE ROSE...

MAFALDA!...

J'ARRIVE!

140

PUISQUE TU VEUX M'AIDER, PASSE UN COUP DE PLUMEAU SUR LA MAPPEMONDE!

?

JE NETTOIE TOUS LES PAYS OU SEULEMENT CEUX QUI ONT UN MAUVAIS GOUVERNEMENT?

LE RÔLE DES RELATIONS PUBLIQUES EST DE MONTRER AUX GENS QUE NOUS, LES CHEFS D'ENTREPRISES, NOUS SOMMES HUMAINS!...

SERS-TOI, SUSANITA, LE MAGASIN "DON MANOLO" T'INVITE À DÉGUSTER UN EXCELLENT CARAMEL!

OH, MERCI!

J'AI DIT : UN!

...MAIS QUE NOUS NE SOMMES PAS DES POIRES!

...INSTABLE...

...NE S'AMÉLIORE PAS.

...C'ÉTAIT NOTRE BULLETIN MÉTÉOROLOGIQUE.

JE CROYAIS QUE TU PARLAIS DU GOUVERNEMENT! ...ESPÈCE D'ALARMISTE!

J'AI ENTENDU À LA RADIO UN TRUC SUR LES MILIBARES... QU'EST-CE QUE C'EST LES MILIBARES?

JE VAIS T'EXPLIQUER: C'EST UNE MESURE DE LA PRESSION...

SELON L'ATMOSPHÈRE DU MOMENT, ON DIT QU'IL Y A UNE PRESSION DE TANT MILI...

MINUTE, PAPA...

J'AI BIEN DIT: MILIBARES, PAS MILITAIRES!

QU'EST-CE QU'IL Y A DE BON À MANGER AUJOURD'HUI, MAMAN?

DE LA SOUPE.

CHUT. IL NE FAUT PAS DIRE DE GROS MOTS À TABLE!

"SOUPE" N'EST PAS UN GROS MOT!

C'EST AUSSI TRÈS VILAIN DE MENTIR À TABLE!...

POURQUOI Y A-T-IL DES PAUVRES, MAMAN?

ET BIEN... HEU ... VOILÀ... ENFIN.

ATTENDS! ATTENDS!

JE NE SAVAIS PAS QUE MA QUESTION ÉTAIT AUSSI INTÉRESSANTE.

"ALORS TOUTES ELLES ESSAYÈRENT LA PANTOUFLE DE VERRE, MAIS ELLE ÉTAIT TOUJOURS TROP PETITE..."

...ALORS LE PRINCE, VOYANT QUE PERSONNE NE POUVAIT METTRE LE PETIT SOULIER..."

A OUVERT UNE SUCCURSALE DU DOCTEUR SCHOLL!

TU N'AS PAS LE SENS DU COMMERCE.

CELLE-LÀ N'A PAS FLEURI. POURTANT ELLE A EU DE L'EAU, DU SOLEIL, DE L'ENGRAIS. JE NE SAIS PAS CE QUI LUI MANQUE...

VOILÀ LE PRINTEMPS!

!

INFORMATION!

C'EST POUR MOI? POUR DE VRAI?

PETIT CADEAU DE PRINTEMPS!

QUELLE JOLIE FLEUR! MERCI, FELIPE!

OÙ CROIS-TU QU'ELLE IRAIT LE MIEUX?

C'EST COMME SI J'AVAIS OFFERT UN MORCEAU DE SUCRE À FIDEL CASTRO!

DU MÊME AUTEUR :

Recueils de dessins d'humour

Album cartonné 21,5×29,5 cm, 48 pages.

Mafalda

Album cartonné 21,5×29,5 cm,
48 pages, couleur

 EDITIONS Glénat

Imprimé en France par Pollina, 85400 Luçon - N° 6387 — Dépôt légal : Septembre 1984